GRIFFO

Romains contre Dinos sur Mars

Dessine TON aventure !

Nikalas Catlow
Tim Wesson

GALLIMARD JEUNESSE

Traduit de l'anglais par Valérie Latour-Burney

ISBN : 978-2-07-064296-0
Titre original : *Romans v Dinosaurs on Mars*
Publié par Nosy Crow, Londres

Numéro d'édition : 185517
Loi n° 49-956 du 16 juillet 1949 sur les publications destinées à la jeunesse
Dépôt légal : janvier 2012
Imprimé en Italie

Ce livre a besoin de

Toi !

Et si les ROMAINS et les DINOSAURES vivaient sur **MARS ?** Et si un ÉNORME ASTÉROÏDE allait s'écraser sur la planète et y **exploser ?** Comment réagiraient-ils ? Inventeraient-ils quelque chose de SPECTACULAIRE avant de faire une grande FIESTA ? À toi de terminer les illustrations pour le découvrir…

Prépare-toi à **GRIBOUILLER** en t'éclatant et à MOURIR DE RIRE en lisant ton aventure.

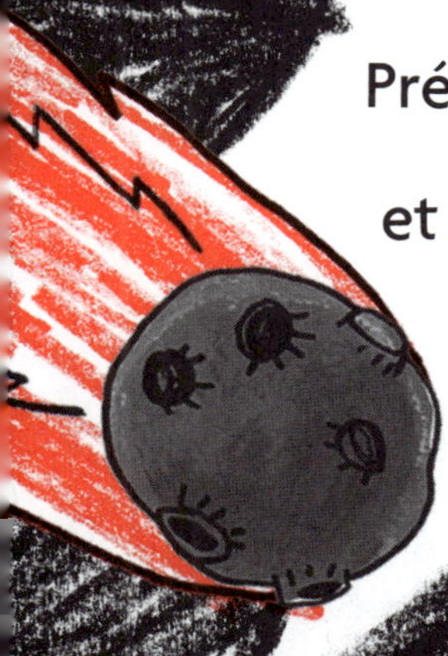

Il te faut...

Du matériel pour dessiner

Voici le matériel

que Nikalas et Tim ont utilisé pour dessiner les illustrations de ce livre.

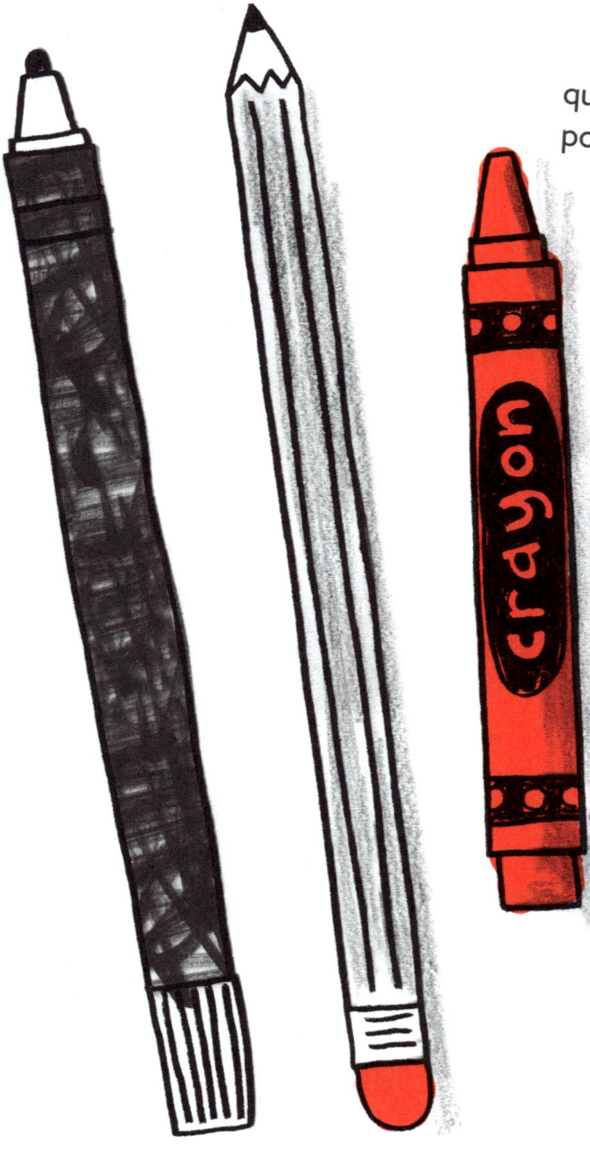

Avec les 3, tu feras des super dessins.

Effets matière

zébrures au feutre

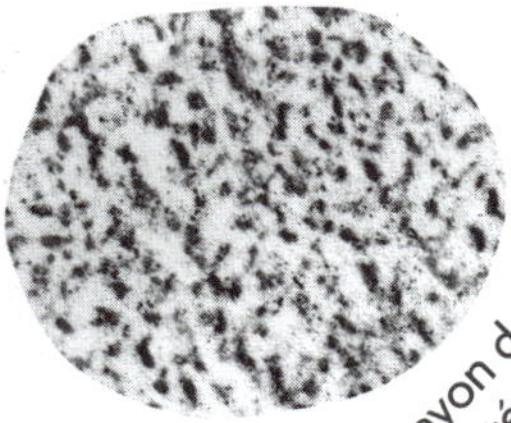

crayon de couleur frotté sur du lino

quadrillage au crayon à papier

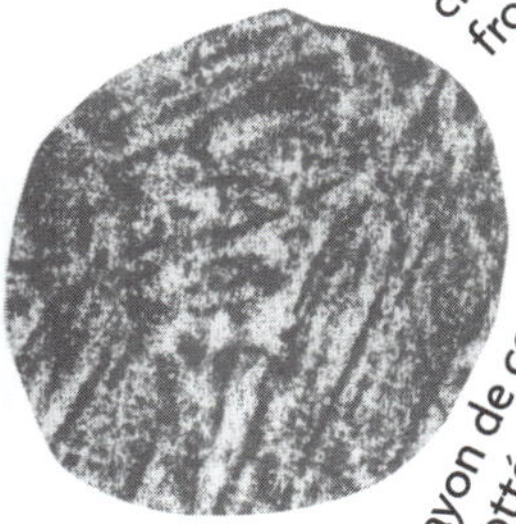

crayon de couleur frotté sur le sol

crayon à papier frotté sur du parquet

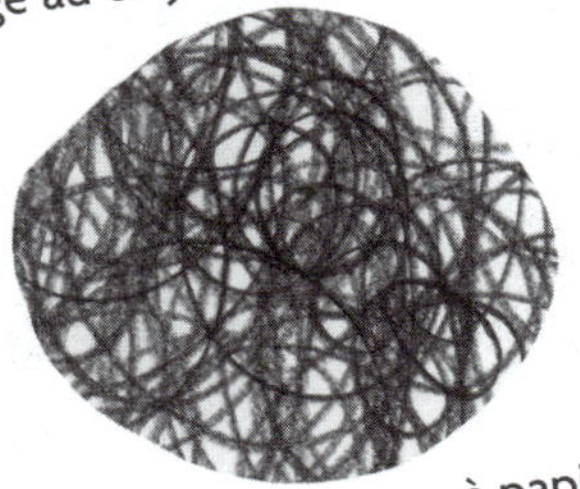

gribouillis au crayon à papier

Pour créer un effet matière, pose le dessin sur une surface et frotte avec ton crayon.

crayon de couleur frotté sur le mur

tirets au crayon à papier

ronds au feutre

ASTUCE D'ARTISTE !
À la fin du livre, il y a plein d'idées pour dessiner des trucs rigolos.

Les Romains de Romasaurius

Augustus Astronomus

Bricus Cimentus

Maximus Victorius

Ingénius Inventus

Marcus Lignius

Les Dinosaures de Romasaurius

Eurékadon

Césarodon

Raptor Remèdus

Tibérius Rex

Diplo Mollo

Attention ça va dégommer !

Sortez vos mines...

À vos crayons...

Dessinez !

Chapitre 1

Au commencement...

Les **Romains** et les **Dinosaures** vivent ensemble sous une énorme coupole de verre appelée **Romasaurius**.
Ils ne sont pas vraiment les meilleurs copains de la planète.

Regarde ! Un Romain.
Termine la voie suspendue.
Il y a un trou dans la voie !
Ajoute un volcan en éruption dans le Vulcanoparc.
??!
Tiens, un Romain et un Dinosaure en pleine dispute !
Ajoute des cratères hors de la coupole.
Ho ho, il y a quoi là ?

Deux dinosaures, **DIPLO MOLLO** et **CÉSARODON**, se plaignent de leurs voisins romains.

– Des routes, encore des routes, toujours des routes, maugrée Mollo.

– Je sais, marmonne Césarodon. Ils ne peuvent pas **PATAUGER** dans les **MARAIS** comme tout le monde ?

Tiens bon !
Recouvre les routes de points au crayon.
Ancienne route du marais
Giga gadoue ! Qui d'autre se cache dans le marais ?
Fais des ombres au crayon sur Diplo Mollo.

Non loin de là, Bricus Cimentus s'occupe
de paver une autre voie suspendue.
– Oustus ! Je veux que les lignes
soient peintes avant que ces bouseux
de grands dinosaures arrivent !
lance Marcus Lignius.
D'autres travaux ici
Panneau
« Travaux
de Romains »

Waouh ! Une machine martienne à peindre des lignes !
Écris ce que tu veux sur ce panneau !

Voilà que commence la spectaculaire course de chars-fusées. Deux chars tournent à fond sous les cris de la foule déchaînée.

– **Allez, Tibérius Rex !** hurlent les Dinosaures.

– **Avé, Maximus Victorius !** crient les Romains.

Quels bolides !

Clameurs de la foule
COSMIC CHOCO
Fais la pub de ta friandise préférée.
MARS MIAM

Maximus Victorius gagne la course !
– Merci pour le trophée et tutti quantus, lance le Romain triomphant.

– Avé, Avé, Avé !

scande la foule.

Et hop ! un Dinosaure en l'air !

Et zou ! une sandale qui voltige !

Dessine un trophée géant au-dessus de Maximus.

Pour célébrer la victoire, un grand banquet de **Steak-frites astral** est servi. Tout Romasaurius vibre du bruit des mâchoires. Césarodon laisse échapper un énorme **BUUUURRP**.

– Un peu de tenue ! postillonne Bricus Cimentus en recrachant des mâchouillis sur la table. Dégoûtant !

Dessine quelqu'un que tu connais ici. Ha, ha !

Ça ressemble à quoi, un énorme rot ?

Dessine un festin digne des Romasauriens !

Dessine un Toutousaurus.

De quelle couleur est Minidon ?

Après la **fête**, le calme revient sur Romasaurius, à l'exception de quelques rots de Dinosaures. Mais tous les **Romasauriens** ne sont pas endormis…
Qui vois-tu dormir par les fenêtres ?
À quoi rêve-t-il ?
Ajoute un doudou-dino sur le lit.
Frotte sur du carto
rayon.

Chapitre 2
Un astéroïde arrive !

Dans son laboratoire, le **Maître Magicien** Raptor Remèdus prépare une potion miraculeuse pour guérir tous les malades de Romasaurius.

Qui est au bout du tube ?

Ajoute des cadrans et des boutons à la machine du labo.
Qu'y a-t-il là-dedans ?
Boum !
Drôle de couleur pour ces assistants !
Remplis les tubes avec un liquide arc-en-ciel.

Une seule goutte de potion et **Carrotasaurus** a une vision aux **Rayons X**.

« Mon pouvoir doit-il servir le bien ou le mal ? » se demande-t-il.

Ça c'est mal.

Ça, c'est bien.
Oooh ! Pas cool !
heu

Deux gouttes de potion
et Minisaurus a une oreille
supersonique.
– J'entends tout ce qui se passe
sur Romasaurius ! s'exclame-t-il.

Waouh… mais qu'est-ce qu'il peut bien entendre ?

Trois gouttes et zou ! Plus de rides ni de furoncles.
Bon, il y a quelques effets secondaires.
– Pas de panique, heu, ça devrait vite disparaître, bafouille Raptor Remèdus.

Beurk, il a la fièvre de la langue-Pendue !

Fais-lui une varicella purula (t'es pas sympa !)

Que dit le magicien gaffeur ?

Et là, qu'est-ce qui s'est solidifié ?

Quatre gouttes tombent par accident sur Minidon qui passait par là. Il devient dur comme de la pierre.
– **Oups,** lâche Raptor Remèdus. Bon, ça pourrait être utile… une autre fois !

Oh, oh, d'autres Dinos se sont solidifiés !

Rajoute des planètes
avec des noms rigolos.
Planète cornichon
Mégascope spatial

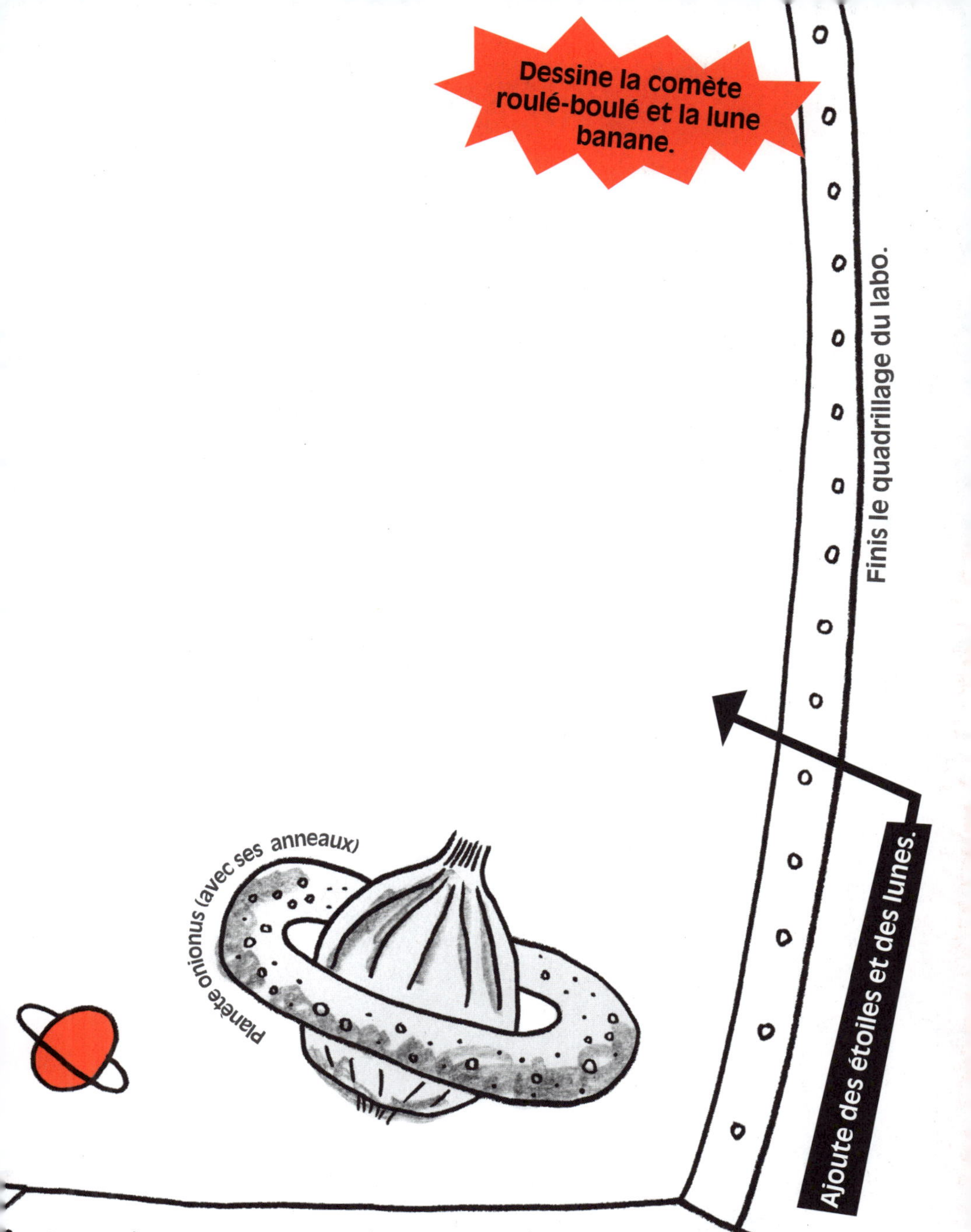

Au même moment, Augustus Astronomus est dans son laboratoire.

– Ha !, voilà la comète **ROULÉ-BOULÉ**, marmonne-t-il, tout excité, en regardant dans son télescope.

Soudain, Augustus aperçoit un énorme astéroïde qui fonce sur Romasaurius.

– **Par toutes les sandales !**

Il va nous percuter cet après-midi !

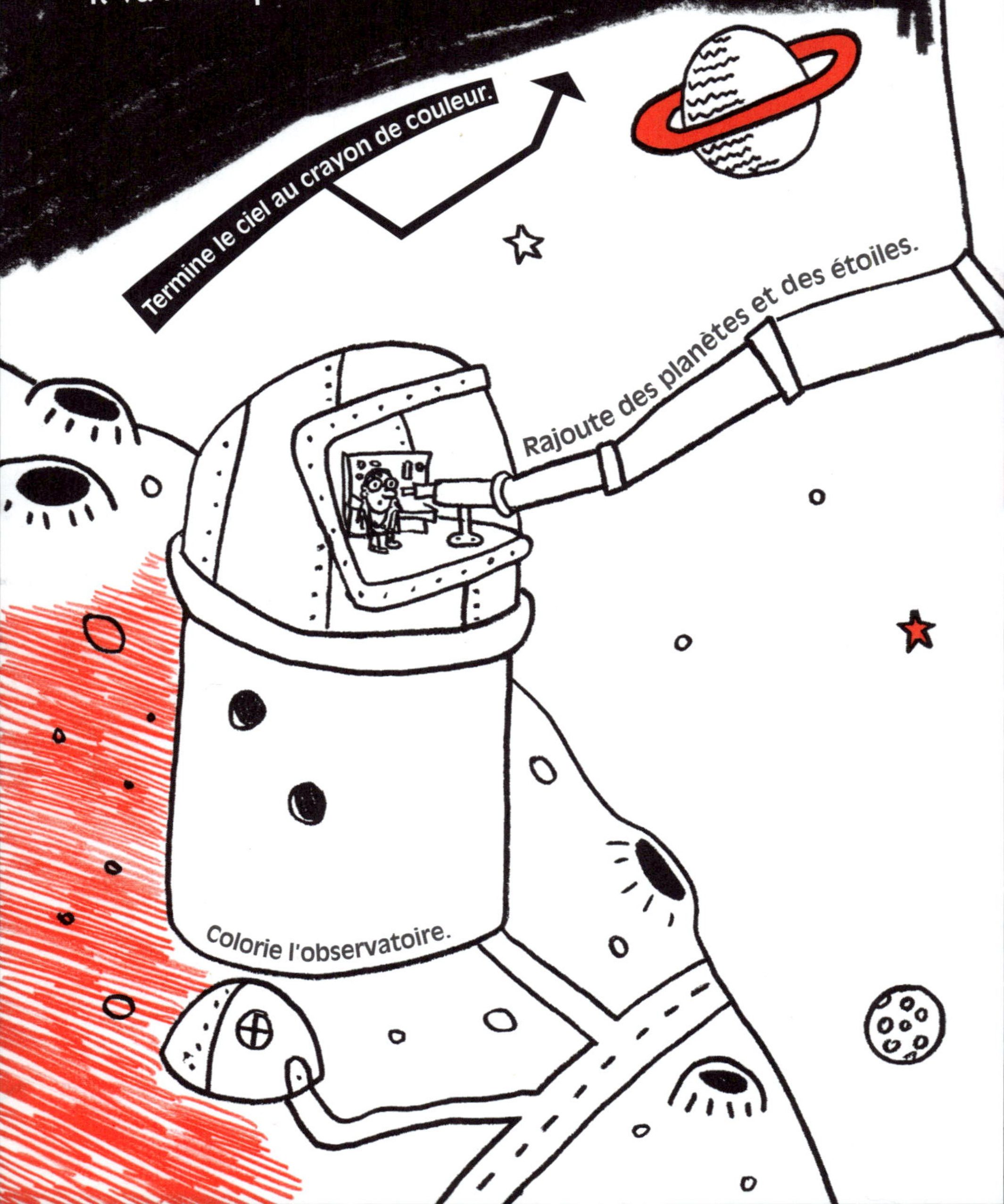

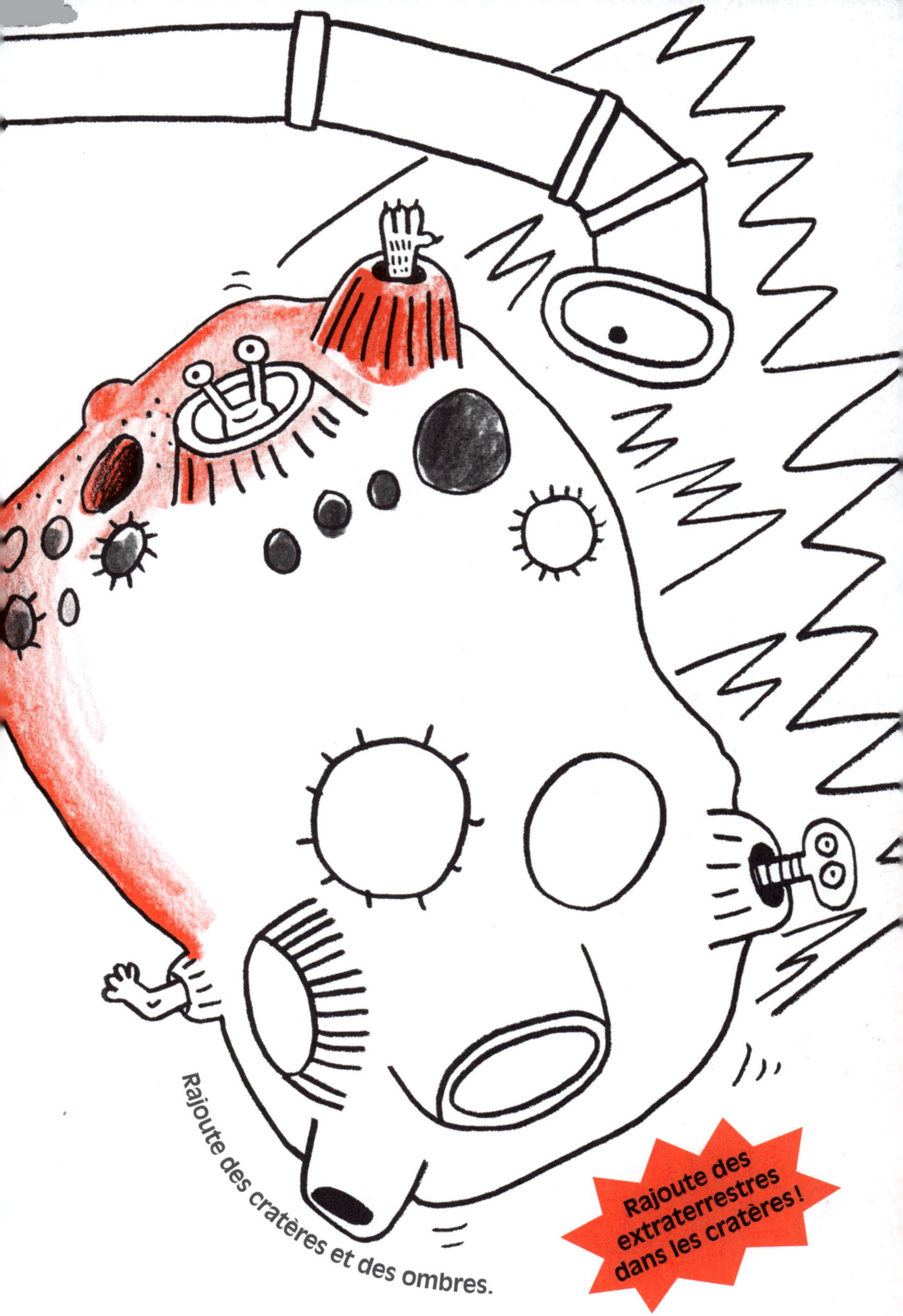
Rajoute des cratères et des ombres.
Rajoute des extraterrestres dans les cratères !

Sans perdre une seconde, Augustus court à vitesse maximus au sommet de Romasaurius où se trouve le grand **Tuba de Vacarmus,** inutilisé depuis de nombreuses années. Il souffle trois longs avertissements qui résonnent, **TUUUUT,** dans toute la coupole.

Termine le Tuba de Vacarmus.

La nouvelle de l'arrivée de l'astéroïde se répand comme une traînée de poudre et la PANIQUE s'empare de Romasaurius.

– Soyez sans crainte ! hurle Césarodon. Nous allons trouver une solution... heu, vous avez des idées ?

Termine les pancartes.
Cris stressés du Dino
LA FIN EST PROCHE !

La fin de Romasaurius est-elle arrivée ?

Qui peut maintenant les sauver d'une **MORT CERTAINE ?**

Mangeront-ils encore

de la tête de veau cosmique ?

Chapitre 3

La voie Romaine

Ingénius Inventus sort de la foule.

– Chaud devant, laissez passer ! lance-t-il en tirant sur une énorme **machine en bois**.

– Par toutes les sandales, qu'est-ce que ce machin-trucus ? s'interroge la foule.

Dessine les visages perplexes des Romains.

Rajoute des détails et des ombres à leurs tenues.

– C'est une cacapulte, explique Ingénius. Un Dinosaure bibendum grimpe sur l'élastique, on tire sur le levier, le bibendum tombe par terre et la machine envoie sur l'astéroïde des sandales mordibus qui l'explosent en 1000 morceaux !

– **HOURRA !** acclament les Romains.

Dessine un Dinosaure bibendum sur l'élastique.

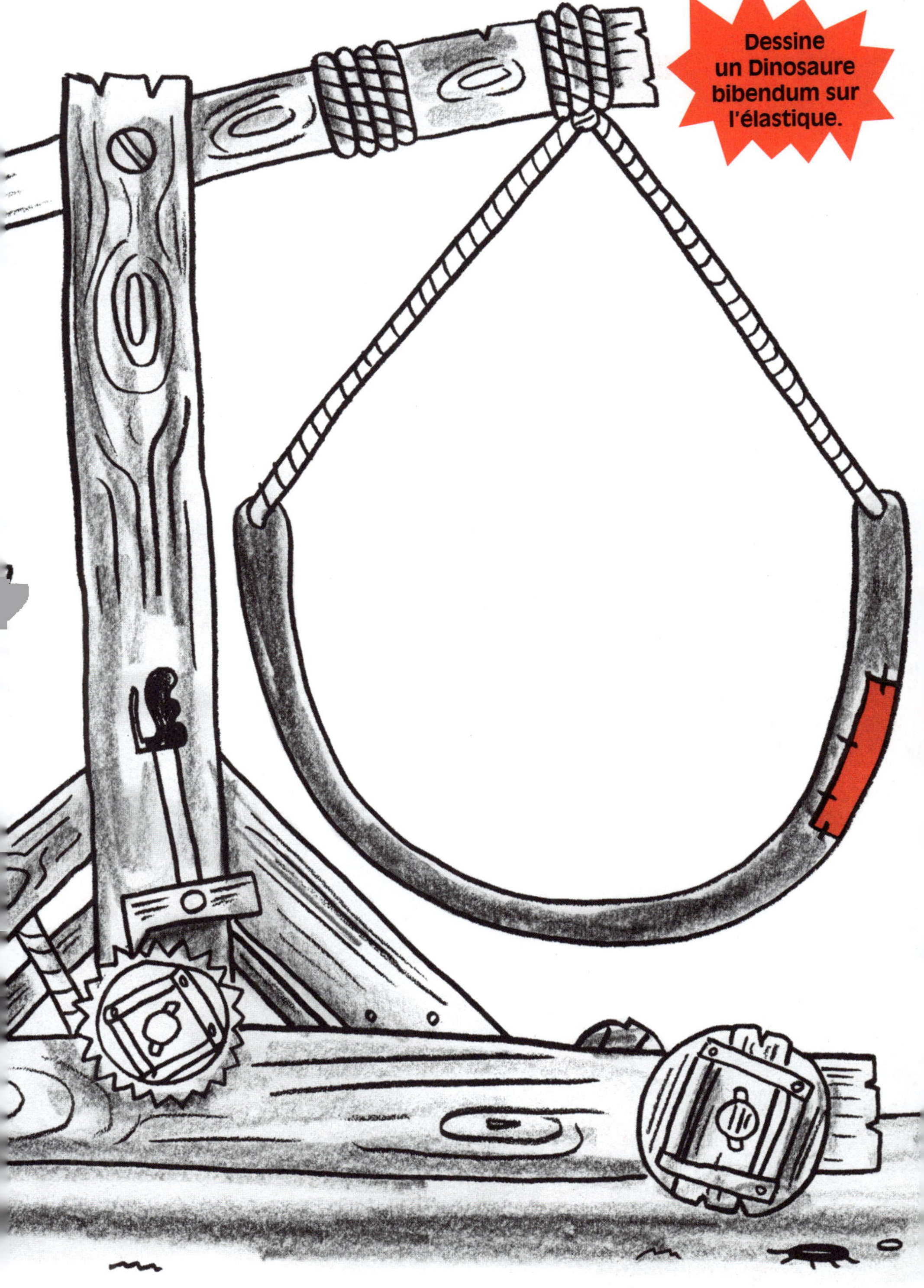

– C'est quoi cette histoire de sandales mordibus ? demande Césarodon.

– On lance les sandales mordibus vers l'astéroïde et... mais la voix d'Inventus est couverte par les rires **TONITRUANTS** des Dinosaures.

– **HA, HA, HA, HA !** trop drôle, ce Romain !

Termine les visages des Dinosaures hilares.
Gribouille des points sur ce Dinosaure.

Les Romains sont furax. Tous les regards se tournent vers Eurékadon qui **SOULÈVE** un drap pour révéler une de ses inventions...

– Ta-da ! Amis, Romains, citoyens, je vous présente le **FLASH-CROTTUS !** C'est de la crotte de Dinosaure, écrasée et cuite au soleil de Mars. Nous sommes sauvés !

Dessine le FLASH-CROTTUS.

– Nous allons entasser des Dinosaures et le plus léger lancera le FLASH-CROTTUS sur l'astéroïde et l'explosera en 1000 morceaux !

C'est la tête de qui ?
Remplis le ciel de FLASH-CROTTUS.

– C'est l'idée la plus **DÉBILE** de la galaxie ! se moque Inventus. Le flash-crottus sera trop mou.

– OK, le minus, ça suffit... grogne Eurékadon.

– Ah ouais, face de lézard, t'as des **CENTURIONS** pour **COGNER ?** Une bagarre éclate.

– Ma sandale mordibus dans ta bouche ! lance Inventus.

– Tirez les flash-crottus ! rétorque Eurékadon.

BADAM !
BANG
Dessine une sandale mordibus.
Colorie cette crotte.
POW !

– Oh, c'est inutile, seule la **MAGIE** peut nous sauver maintenant, hurle Césarodon.

Minisaurus se fraye un chemin dans la foule.

– Vous avez dit **MAGIE ?** postillonne-t-il. La potion **MAGIQUE** de Raptor Remèdus fera peut-être l'affaire.

Qui d'autre regarde par-dessus leur épaule ?

Aide Minisaurus à attirer leur attention.

– Par Jupiter, c'est ça qu'il nous faut ! crie Mollo.

Va chercher la potion au labo. Vite !

Minisaurus traverse Romasaurius à vitesse maximus pour ses minipattes...

Chapitre 4

Le magicien de Mars

Des Romains font la queue devant le labo.
– Chacun son tour ! **bougonne** Bulbus Maximus.
– Pas le temps ! réplique Minisaurus en fonçant dans la grotte. Un astéroïde arrive !

Qui y a-t-il dans la fenêtre ?

Termine l'effet matière du labo en frottant sur du carton.

Minisaurus explique **TOUTE** la situation à Raptor Remèdus à **VITESSE MAXIMUS**.

– Quatre gouttes de potion magique sur chaque flash-crottus devraient suffire, dit-il. Mais il faut se dépêcher, l'effet disparaît vite. Il montre Minidon.

– Pas si vite que ça maugrée, Minidon, énervé.

TÊTES ET TRUCS À GOGO
Ooh… mets une tête dans ce flacon.
Quoi d'autre moisit sur l'étagère ?
Termine l'effet matière en frottant sur une pierre.

Termine la foule.
Dessine le flacon de potion magique ouvert.

DE RETOUR à LA MAIRIE...

– Je l'ai, je l'ai ! halète Minisaurus. Quatre gouttes rendront le flash-crottus aussi dur que, heu, **UN TRUC MÉGA DUR !**

– Hourra ! clame Ingénius. Nous allons lancer le flash-crottus méga dur avec ma cacapulte !

Il ne reste plus beaucoup de temps, **L'ASTÉROÏDE** est proche ! La crotte magique de Dinosaure lancée par la cacapulte géante les sauvera-t-elle de la **CATASTROPHE ?**

Chapitre 5

Un astéroïde fonce sur Mars (pour de vrai !)

La file des Dinosaures **serpente** jusque dans la forêt. Auront-ils assez de papier toilette pour tout le monde Les crottes fraîches sont écrasées dans les moules de flash-crottus pour ensuite cuire au soleil de Mars.

– Ajoutez la potion, lance Eurékadon.

Les Romasauriens la versent sur les briques de crottes puantes.

– **HOURRA !** hurlent-ils en se bouchant le nez.

Tout à coup, Augustus Astronomus crie : Il arrive !
Lardosaurus se hisse sur l'élastique, **OUMF !**
on coupe la corde **TWING !** et les flash-crottus
sont cacapultés dans l'espace **CACABOUM !**

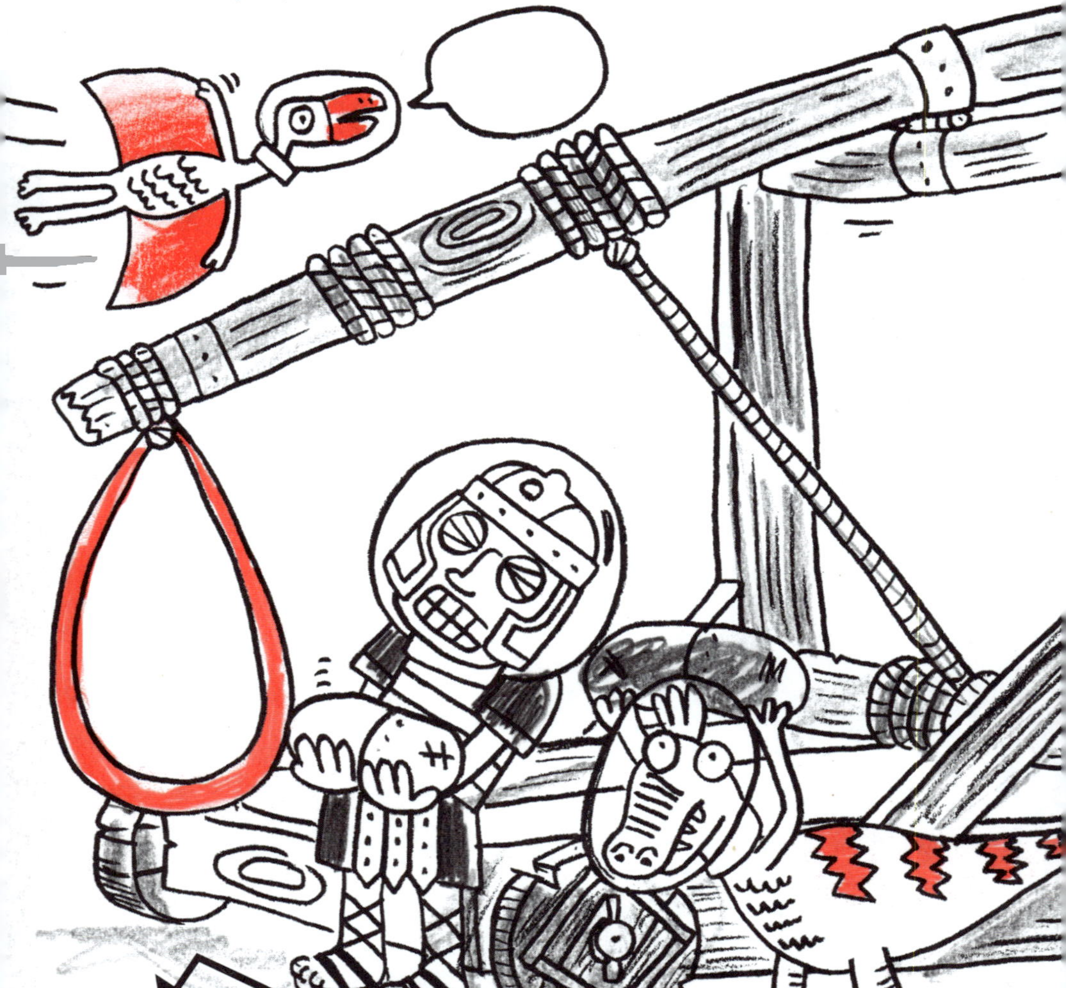

Dessine un tas
de flash-crottus.

Lardosaurus sur l'élastique !
Rajoute quelques petits Dinosaures.

Tout Romasaurius retient son **souffle** en regardant les flash-crottus disparaître dans le ciel.

– Si ça ne marche pas, on va se faire **écraser** comme des crêpes ! gémit la foule.

Ils attendent, ils attendent...

lorsque...

Qui d'autre porte un casque ?

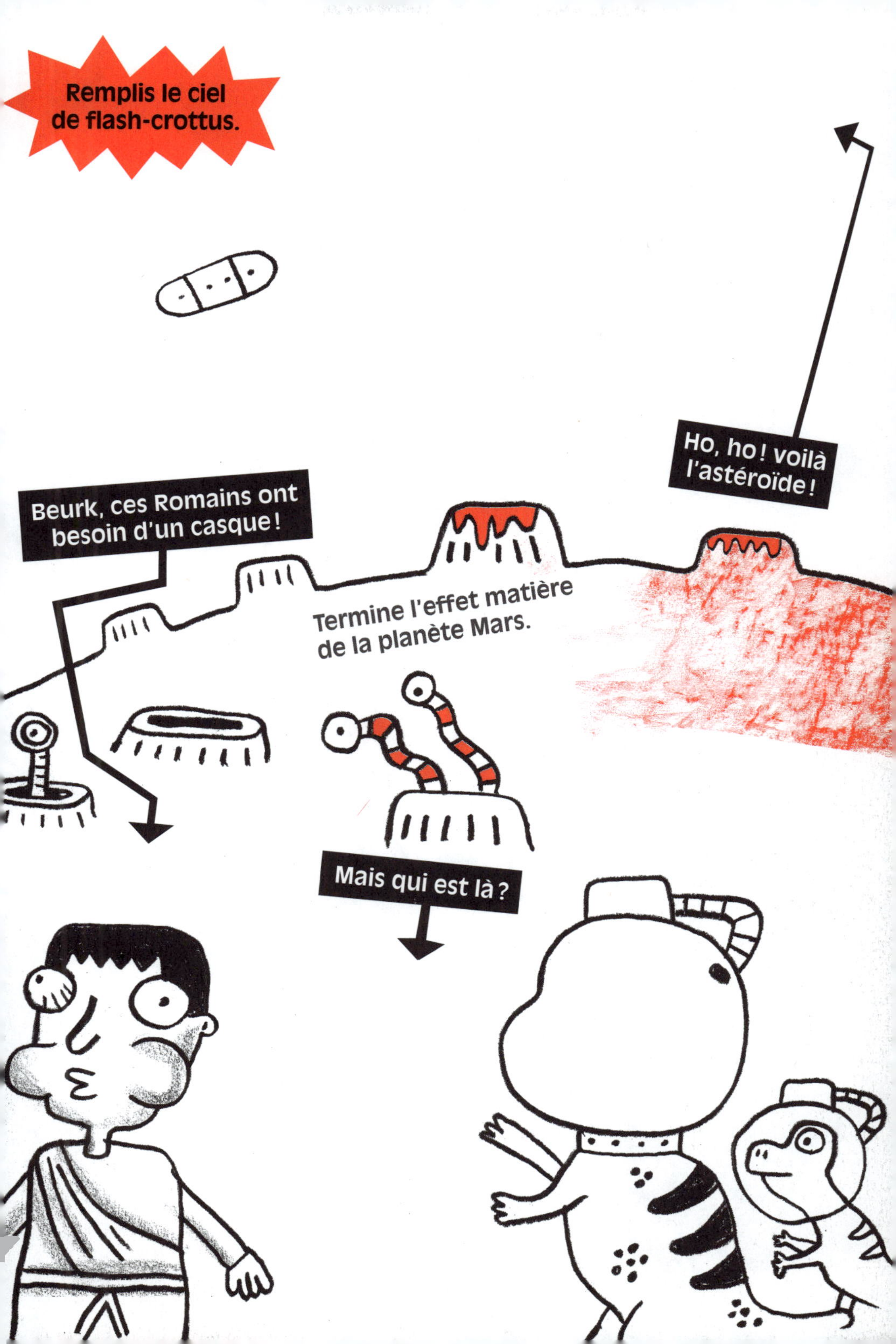
Remplis le ciel
de flash-crottus.
Ho, ho ! voilà
l'astéroïde !
Beurk, ces Romains ont
besoin d'un casque !
Termine l'effet matière
de la planète Mars.
Mais qui est là ?

Termine l'effet matière
de l'explosion.
WAOUH !
KAB
CRASH !

OOM
Ajoute des petits BANG et KABOOM.
D'autres bruits d'explosion ?

Une énorme explosion déchire le ciel, puis c'est le silence. Jusqu'à ce que de gros morceaux d'astéroïde et de crottes **FONDUS** commencent à tomber sur Mars.

Ajoute des morceaux de flash-crottus et d'astéroïdes.

Victoire !

– **HOURRA !** les Romasauriens explosent de joie. **Sauvés**, nous sommes **Sauvés !**

Lance autre chose pour fêter la victoire !

Romasaurius est sauvée. Romains et Dinosaures décident de fêter ça.

– **Que la fête commence !**

lancent Ingénius et Eurékadon.

Qui d'autre est plongé jusqu'au cou dans du flash-crottus fondu ?

Chapitre 6

C'est la fiesta !

Les festivités ont lieu dans un énorme cratère, le Cratérorum.
Dessine un étalage de friandises martiennes.
Rajoute des cratères et termine l'effet matière.
COSMIC CONES
POP-CORN GLUANT
Qui se dirige vers le Cratérorum ?

ajoute des bâtiments en arrière-plan.
TICKETS
C'est quoi ces superfriandises ? Écris-le sur l'auvent.

**Waouh !
À quoi ressemble
un Proutoïd ?**

Le premier jeu s'appelle Haro sur le Proutoïd !
Qui aura assez de courage pour affronter la créature
la plus **PUANTE** de Mars ?

– **PROUT, PROUT, PROUT !**

couine le Proutoïd. Le public adore !

Rajoute des petits cailloux et des ombres sur le sol.

La foule hurle **TIENS BON !** tandis que se prépare le prochain numéro. Qui tombera en premier dans le trou rempli de crottes puantes ?

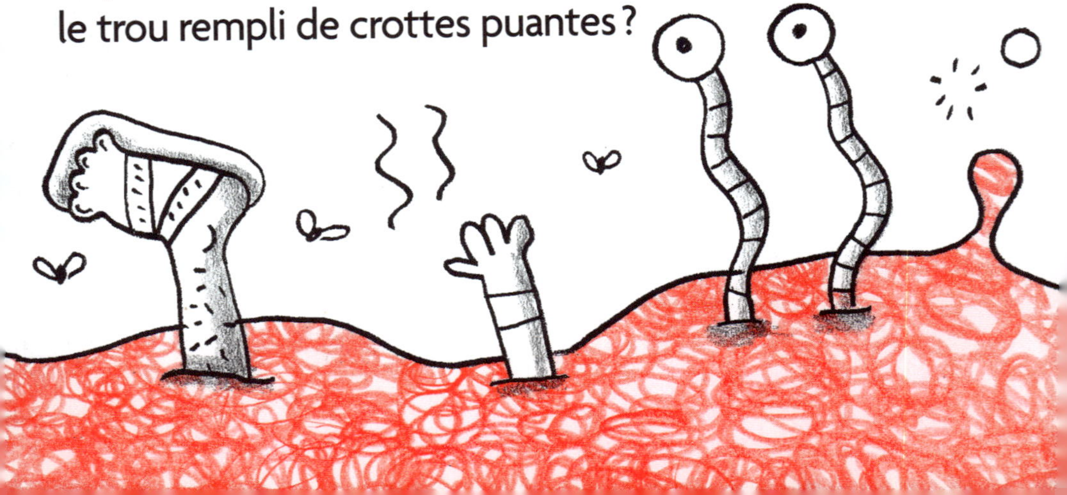

Gribouille le reste du tas puant.

Ils finissent par faire une partie géante de **tir à la corde**.

– **Tirez !** grognent les Dinosaures.

– **HO ! HISSUS !** crient les Romains.

– Longue vie, Romasaurius ! hurle la foule.

La cérémonie s'achève sur un **feu d'artifice** de flash-crottus. Longue vie, Romasaurius !

– Je peux descendre de cet élastique maintenant ? demande Lardosaurus, fatigué.

Qui a gagné ? C'est toi qui décides.

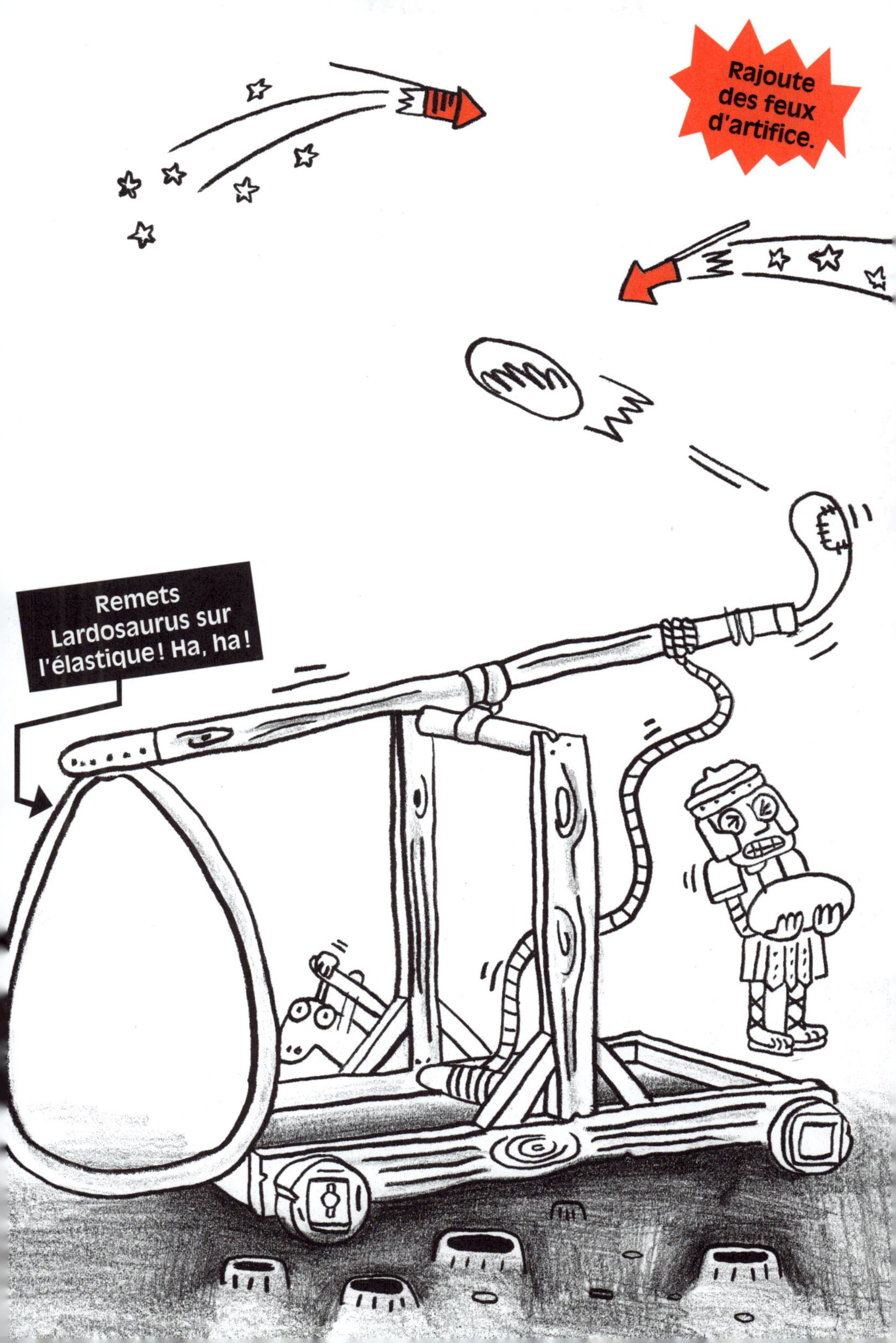
Rajoute des feux d'artifice.
Remets Lardosaurus sur l'élastique ! Ha, ha !

Et maintenant un grand festin pour fêter tout ça !
La table est couverte de gourmandises romaines et de friandises Dinosaures.

– UN PEU DE RAT MARTIEN EN DÉGOULIS DE GELÉE ?

propose Bricus Cimentus.

Qui d'autre lance de la nourriture ?

– Avec plaisir, accepte Griffus. Il faut vraiment que vous goûtiez les **TRIPES DE LÉZARD** régurgitées. Bricus Cimentus devient tout vert et doit quitter la table.

Que d'événements sur Romasaurius ! On a fabriqué une **potion magique,** inventé le **flash-crottus** et détruit un astéroïde grâce à une **cacapulte géante**
Et tout ça en **s'éclatant** comme des fous !

La cacapulte
Le trophée

Idées de dessins

Si tu es en panne d'idées, tu peux t'inspirer de ces dessins.

Globe babaorum

TRUCS D'ÉTOILES ET DE PLANÈTES

Lune banane

Lune pustule

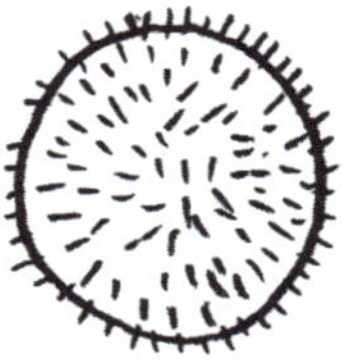

Lune poilue

Comète roulé-boulé

COSTUME ROMAIN

Habillé

Décontracté

DISPUTE ENTRE UN ROMAIN ET UN DINOSAURE

EXPRESSIONS

Romain furax

Romain surpris

Dinosaure surpris

Dinosaure furax

FLASH-CROTTUS
Standard
À infrarouge
Modèle de luxe
(TP3000)
SANDALE
À RÉACTION
En sauce
TÊTE DE VEAU
COSMIQUE
Rôtie
SANDALE-FUSÉE
Tu peux recopier
les images
OU dessiner
à ta façon.
LARDOSAURUS
Maxi gros
Gros
CHAR-FUSÉE
De face
De profil

TEXTES DANS LES BULLES

PROUTOÏD

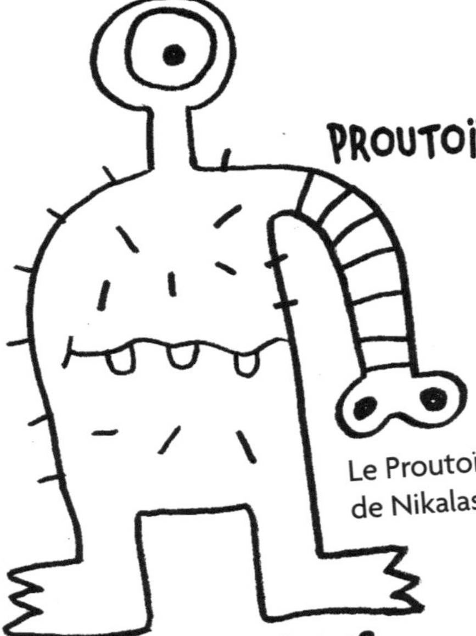

Le Proutoïd de Nikalas

Le Proutoïd de Tim

LES EXTRATERRESTRES

Poulpe interstellaire

Grignoteur de lune banane

Crapaud lunaire

PLANTES ET VÉGÉTATION ROMASAURIENNES